PETITE REVUE

D'EX-LIBRIS ALSACIENS

PAR

AUGUSTE STŒBER

Avec un *fac-simile* de *l'ex-libris*
de C. Wolfhardt, dit Lycosthènes, de Rouffach
(1518—1561)

TOUS DROITS RÉSERVÉS

Omnem crede diem tibi diluxisse supremum.

Incertum cum sit quo loco te mors expectet, Tu eam omni loco expecta. Senec.

Memorare nouissima in omnibus operibus tuis, & nunquam peccabis. Ecclesiastici 7.

SYMBOLUM CONRADI LYCOSTHENIS RVbeaquensis.

(1518 – 1561)

PETITE REVUE
D'EX-LIBRIS ALSACIENS

PAR

AUGUSTE STŒBER

Avec un *fac-simile* de *l'ex-libris*
de C. Wolfhardt, dit Lycosthènes, de Rouffach
(1518—1561)

MULHOUSE
Typographie Veuve Bader et Cie

Juillet 1881

TOUS DROITS RÉSERVÉS

Édition revue et augmentée, tirée à 200 exemplaires

AVANT-PROPOS

Tentavi quid possem.
Cicero.

Le présent petit travail, sur un sujet non encore traité en Alsace, a paru d'abord dans l'*Express de Mulhouse*, du 10 au 22 juin de cette année.

Dès la publication des premiers numéros, plusieurs amis, bibliophiles, ont exprimé le désir d'en voir paraître un tirage à part.

Cédant à des vœux si flatteurs, l'auteur a revu le texte de son opuscule et y a ajouté un *fac-simile* très exact de *l'ex-libris* de Lycosthènes, de Rouffach, le plus ancien alsacien connu.

A. St.

Mulhouse, 9 juillet 1881.

EX-LIBRIS ALSACIENS

Lorsque, encore assis sur les bancs de l'école, nous tracions, d'une main peu exercée, sur la garde de nos livres de classe notre nom accompagné de ce verset enfantin :

> Ce livre est à moi,
> Comme Paris est au roi ;
> Qui veut savoir mon nom,
> Regarde dans ce rond —

ou de celui-ci :

> Dieses Büchlein ist mir lieb,
> Wer mir's nimmt, der ist ein Dieb,
> Wer mir's aber wieder bringt,
> Der ist ein Gotteskind —

nous ne nous doutions guère que nous y inscrivions des *ex-libris*, et cela aussi peu que plus tard, lorsque, entrés au collège, latinistes en herbe, nous y griffonnions un gibet auquel était pendu Pierrot, illustration suivie invariablement de ce quatrain macaronique :

> Aspice Pierrot pendu,
> Quod librum n'a pas rendu.
> Pierrot pendu non fuisset,
> Si librum reddidisset.

A cette époque le nom d'*ex-libris* n'était connu et employé que par les savants de profession et par les hommes du monde, amateurs de livres.

Aujourd'hui il est plus répandu. Les *ex-libris* sont devenus des objets d'un nouveau genre de collections et d'une nouvelle branche de commerce, exploitée par d'habiles bouquinistes : ceux du quai Voltaire à Paris et les *Antiquare* de Francfort et de Leipzig vous en diront tant et plus.

M. Poulet-Malassis, qui, le premier a publié une charmante *Etude sur les ex-libris français* (1), pouvait encore en·1875 faire cette remarque que : « Pas un des dictionnaires de la langue française n'a admis le terme *ex-libris*, composé de deux mots latins qui signifient *des livres, faisant partie des livres*. Il est pourtant consacré par l'usage... »

---

(1) Paris, chez P. Rouquette 1875, 79 pages de texte et 24 planches, in-8°. — Je regrette de n'avoir pu consulter les *ex-libris* de M. Warren, cités dans l'*Intermédiaire* du 25 janvier 1881, p. 51.

En effet, ce ne fut que deux années plus tard que M. Littré, faisant droit à cette juste réclamation, ou de son propre mouvement, inséra dans le supplément de son grand Dictionnaire (1877) l'article suivant : « *Ex-libris* s. m. Inscription qu'un possesseur de bibliothèque met sur les livres qui lui appartiennent. — Il va sans dire que M. Guizot n'avait garde de se dérober au premier devoir des bibliophiles d'autrefois ; il avait son *ex-libris* ; cet *ex-libris* est grave, simple et fier ; il se compose du nom de M. Guizot et du blason qu'il s'était attribué. M. de Lescure, *Journal officiel*, 3 mars 1875, p. 1613, 3° col. — *Etym*. lat. *ex*, de, et *libris*, livres. »

N'est-il pas étonnant que, malgré la remarque si fondée de M. Poulet-Malassis, malgré l'autorité indéniable de M. Littré, malgré sa citation extraite du *Journal officiel*, les rédacteurs de la nouvelle édition du *Dictionnaire de l'Académie française*, qui a paru en 1878, aient continué de refuser le droit de bourgeoisie au terme si répandu qui nous occupe ? Quoi qu'il en soit, nous nous permettrons d'ajouter à la définition toute générale de M. Littré, l'énoncé plus complet que M. Poulet-Malassis donne des principales formes que l'*ex-libris* a prises, depuis le XVI° siècle (où, selon

lui, il se produisit d'abord en Allemagne). (1)
« Dans un sens plus restreint, dit-il, le terme *ex-libris* s'entend d'un motif d'art, blason, monogramme, allégorie, emblème, etc., gravé en relief ou en creux, et fixé sur les gardes ou sur le titre d'un livre, en signe de possession. » Ajou-

(1) M. Poulet-Malassis fait remonter les premiers *ex-libris* français à l'année 1574. Voici comment M. Ed. Charton (*Magasin pittoresque*, 1877, p. 75) combat cette assertion : « On assure que l'on ne rencontre pas en France d'*ex-libris* avant le XVIe siècle, qui fut chez nous si éminemment littéraire. Cependant on remarque sur les grandes chroniques de Saint-Denis, que possède la Bibliothèque Sainte-Geneviève, la signature de Charles V, le fondateur de nos bibliothèques, apposée au-dessus du globe terrestre. Ce double signe pourrait être un *ex-libris*, car il nous paraît être à la fois une marque de propriété et un emblème. En le faisant exécuter et en l'approuvant par son seing royal, que nul jusqu'à ce jour n'a contesté, Charles V n'a-t-il pas voulu prouver qu'il regardait la science comme l'institutrice du monde ? Selon l'auteur de l'*Histoire de la cosmographie* (M. le vicomte de Santorem), cette représentation du globe a dû être exécutée entre les années 1364 et 1372, ce qui vieillit d'un bon nombre d'années l'origine des *ex-libris* français, que l'auteur cité (M. Poulet-Malassis) fait remonter seulement à l'année 1574. » Admettons que la signature du roi Charles V soit un *ex-libris*, il faut toutefois remarquer qu'il s'est passé 200 ans entre 1372 et 1572 et que, pendant cet intervalle, il n'y a eu aucune constatation d'*ex-libris* en France ; celle-ci, d'ailleurs, a suivi l'Allemagne de bien près dans l'usage de cette sorte d'inscriptions.

tons ici que, parmi les *etc.* de M. Poulet, nous voudrions encore comprendre les devises et les observations littéraires ou critiques que certains bibliophiles inscrivent dans leurs livres pour en caractériser l'esprit et la tendance. Nous aurons l'occasion d'en signaler quelques-unes des plus remarquables.

Comme notre titre l'indique, nous ne nous occuperons plus spécialement que des *ex-libris alsaciens* et seulement de ceux qui sont à notre portée et que nous connaissons *de visu.* Notre but ne peut pas être d'épuiser la matière ; par nos indications sommaires, nous ne désirons qu'éveiller le goût et l'intérêt pour ce nouveau genre de collections, devenu chez les uns un objet de mode ou de simple curiosité, chez d'autres un objet de recherches littéraires ou artistiques plus sérieuses. Puisse ce modeste essai engager un bibliophile plus compétent à enrichir notre littérature alsacienne d'un ouvrage plus complet et à y ajouter un choix d'*ex-libris* historiés !

Dans son expression la plus concise, l'*ex-libris* ne porte que le nom du possesseur, soit écrit à la main, soit reproduit, en forme de carte de visite, par la typographie, la gravure ou la lithographie : J.-J. Oberlin, J.-G. Schweighaeuser, Charles-Henri Heitz, etc.

Les *monogrammes* ne sont plus guère en usage ; en voici quatre du xviii° siècle : I. W. Arg., c'est-à-dire Jacques Wencker, de Strasbourg, l'auteur des *Collectanea juris publici ex actis archivi Argentoratensis. Argent.* 1702, in-4°. (Exemplaire des sermons de Geiler de Kaisersberg sur la Nef des fous, *Narrenschiff*, de Sébastien Brant, édit. de Nicol. Höniger, *gedruckt zu Basel durch Sebastian Heinric-Petri*, 1574 ; autrefois bibliothèque I. Haffner ; aujourd'hui, bibl. Aug. St.) ; — J. H. M. D., Jean Hofer, docteur en médecine, de Mulhouse (né en 1720) ; — R., majuscule entourée d'une guirlande de pampres : Reber ; — T. M., Théobald Müntz, pasteur à l'église française de Mulhouse, 1763 ; les chiffres sont renfermés dans un cœur, surmonté d'un autre plus petit. De même que pour les derniers monogrammes, le nom est parfois placé dans un encadrement typographique formé par des lignes noires simples ou doubles, des séries de petits ronds, de boutons de fleurs, de feuillage, etc. : Lersé ; Sultzer, docteur médecin ; Jacques Kœchlin ; Schlumberger, zum Lœwenfels (Mulhouse) ; Ant. Spœrlin, maire de Mulhouse, en 1807 ; Joh. Spœrlin, V. D. M., pasteur à Mulhouse, 1771, fondateur de la Société patriotique.

Les indications accompagnant les noms sont

très variées : *Museum R. E. M. Fœsch. Basil.* (Exemplaire du *Prodigiorum ac ostentorum chronicon. Basileae, per Henricum-Petri*, de Conrad Lycosthènes, Wolfhart de Rouffach, 1557 ; cet exemplaire porte l'inscription : *Ex-libris H. Pantaleonis ;* il fait aujourd'hui partie de la bibl. Aug. St.) *Ex-libris :* Graffenauer, *med. doct. Argent ;* J. J. Oberlin ; Aug. de Berstett ; Daniel Hofer ; Joh. Henric. Dollfus, *med. doct.* — *Sum Floriany Scotj (Schott), Argentinensis, emptus sum Francofurti anno 1648 ; — Waltherinus Seminius me possidet. — Bibliothecæ Hermannianæ, Argentorati. — Aus der Bibliothek des Staats- und Cabinets-Ministers Freiherrn von Berstett ;* de la famille noble alsacienne de ce nom.

Si le livre est un don de l'auteur, celui-ci l'indique par l'une des formules suivantes : *Sachsio suo auctor* (Schœpflin) ; — Souvenir de l'auteur ; — Hommage de l'auteur ; — Hommage respectueux de l'auteur ; — A mon bon ami A. St. Souvenir bien affectueux, Charles Gérard. (Exemplaire de la première édition de l'*Ancienne Alsace à table*, 1862.)

A défaut de l'une ou de l'autre de ces dédicaces, le possesseur la remplace lui-même par : *Donum auctoris* (Schœpflin) ; — *Ex munificentia Dom. Pfeffel* (Emmerich père, professeur au

Gymnase protestant de Strasbourg); — *Don de l'auteur ;* — *Geschenk des Verfassers, des Herausgebers,* etc.

« Les *ex-libris*, dit M. Poulet-Malassis (p. 55), recherchés surtout comme pièces bibliographiques et comme images de décoration et d'ornement, offrent assez souvent un intérêt *littéraire* et *biographique.* »

Constatons la parfaite exactitude de cette assertion du savant bibliophile, du véritable créateur de la littérature de l'*ex-libris*, par deux exemples qui, pour l'Alsace, présentent le double intérêt littéraire et biographique ; le premier est du xvie, le second du xviiie siècle.

Sur la garde d'un exemplaire du livre de « Georges Vocelius contre les sectes hérétiques », imprimé à Cologne, en janvier (*im Jenner oder Hartmonat*) 1559, par les héritiers de *Johann Quentel,* in-4°, se trouve écrit de la main du chroniqueur bien connu dont le nom suit : *Ex Bibliotheca Materni Berler Rubeaquen* | *tini* (1) *Parochiani Gebliszwyler, ac* | *Vicarij Rectoratus In Hattstatt* | *Georgij Vocelij Tres Thomos* | *Continentes* (libros) *contra sectas* | *satis catholice*

---

(1) *Pellicanus* ainsi que son neveu *Lycosthenes*, de Rouffach, se qualifient de *Rubeaquenses*.

descriptos. Cet ouvrage très rare est en possession de l'appariteur (*Weibel*) de Sulzmatt. L'*ex-libris* qu'on vient de lire, et dont M. A. Ingold a bien voulu m'offrir un *fac simile*, renferme une nouvelle donnée biographique sur Materne Berler, né à Rouffach en 1487. En effet, d'après une note écrite de la main de Schœpflin sur la première page du texte original de la Chronique de Berler (1), celui-ci vivait encore, comme curé de Geberschweier, en 1555 ; il figure, à cette date, dans une charte du couvent de Saint-Marc, situé sur une montagne au-dessus dudit village ; mais l'année de l'impression du livre de Vocelius, dans lequel Berler a inscrit son *ex-libris*, constate que celui-ci vivait encore en 1559, c'est-à dire quatre années plus tard. La date de sa mort est inconnue ; elle doit toutefois être placée entre 1560 et 1565.

La seconde dédicace, dont nous allons donner l'énoncé, est du xviiie siècle, comme nous l'avons dit ; les lecteurs ne lui refuseront non plus le double intérêt littéraire et biographique. Ils n'ignorent pas que le grand poëte Gœthe a passé un an et demi à Strasbourg, où il suivait les

---

(1) Autrefois en possession de l'ancienne bibliothèque de la ville de Strasbourg, dont on connaît le triste sort.

cours de l'Université et soutint, le 6 août 1771, une thèse qui le fit recevoir licencié en droit. A côté de ses études de profession, et plus encore, il s'occupait de poésie ; ses lectures favorites étaient, à cette époque, Homère, Ossian et surtout Shakespeare, dont le génie original devint pour lui et pour ses amis un objet d'admiration, presque d'un culte. Un des plus fervents adorateurs du célèbre auteur dramatique, François Lersé, devenu plus tard le collègue du fabuliste Pfeffel dans la direction de l'Ecole militaire de Colmar, prononça en 1772, dans la Société littéraire, présidée par J. D. Salzmann, l'éloge de Shakespeare ; son discours inspiré par le plus ardent enthousiasme pour son héros, reçut les justes acclamations des assistants. Peu de temps avant son départ de Strasbourg, Gœthe avait fait don à son ami d'un exemplaire d'*Othello, ou le More de Venise*. (Gœttingen, chez Victorin Bossiegel, 1766). Ce volume porte sur la garde les deux inscriptions suivantes: *Seinem und Schäkespears | würdigen Freund | Lersen | Zum ewigsten Angedenken |* Gœthe. | *Ewig sey mein Hertze dein | mein lieber Gœthe |* Lersé. (Biblioth. d'Aug. St.)

Autrefois l'usage d'inscrire des *devises* dans les livres ou sur la pièce honorable de l'écu, était beaucoup plus répandu que de nos jours, surtout parmi la noblesse, où elles passaient souvent d'une génération à l'autre. Chez les savants, les devises sont plus individuelles ; elles prennent de préférence la forme de sentence et expriment une vérité favorite, une opinion personnelle, une réflexion qui caractérise brièvement l'esprit du livre ou bien encore une règle de vie, une profession de foi religieuse ou philosophique, du possesseur du livre. Telles sont : *Veritas omnia vincit.* — *Ex labore, quies.* — *In angulo, cum libello.* (M. Tourneux). — *Quantum est quod nescimus !* (Prof. I. Haffner, de Strasbourg). *Aiunt multum legendum esse, non multa.* Pline le Jeune. (Charles Riess, de Strasbourg). *Gott Nehret und Mehret, Den der Ihn Ehret.* (Christoph Burkhart, Basel 1624. Exemplaire de la *Chronique de Bâle*, de Wurstisen, 1580. Biblioth. Aug. St.). *Er wird's wohl machen*, Ps. 37, 4. (Elias Brackenhoffer, de Strasbourg). *Prudens simplicitas.* (Simon Grynaeus V. D. M. La devise se trouve en banderole au-dessus des armoiries qui représentent un serpent avec deux pigeons des deux côtés ; délicieuse gravure de Weiss de Strasbourg, collection Karl Fr. 7.) — *Nil mortalibus arduum* (Baron de Manteuffel. Collect. Arthur B.) *Jesus mea salus.* (Joh. Stuber, S. Th. Stud. Argent. 1740. *Ascende superius !* (M. Augustin Ingold). « Les lettres nourrissent l'âme. » (Lemoine).

La question du *prêt* des livres a beaucoup préoccupé et souvent embarrassé les bibliophiles ; aussi ne manque-t-il pas, à ce sujet, d'inscriptions les plus variées, qui présentent toute une gamme depuis les notes gracieuses des amateurs généreux, jaloux d'ouvrir leurs trésors à d'autres, jusqu'aux notes lugubres et discordantes qui témoignent, selon M. Egger, membre de l'Institut (1), « d'un égoïsme qui va parfois jusqu'à la cruauté. » On a donné le nom expressif de *bibliotaphes*, c'est-à-dire *d'enterreurs de livres*, à ceux qui, non seulement refusent catégoriquement de prêter certains livres, mais qui ne daignent pas même les montrer et les tiennent cachés dans les armoires bien closes de leur cabinet d'étude, comme l'avare cache son argent.

La petite anthologie qui va suivre, glanée dans les champs des bibliophiles optimistes et pessimistes ou de ceux qu'on nous permettra de qualifier du juste milieu, cette anthologie, disons-nous, fournira à nos lecteurs les pièces justificatives de ce que nous venons de dire.

L'optimiste des optimistes est sans nul doute un M. Savigny, qui a inscrit dans ses livres la devise : *Non mihi, sed aliis* (Poulet-Malassis,

---

(1) *Histoire du Livre*, p. 284.

p. 42). C'est là plus que de la générosité, c'est l'abnégation de tout intérêt personnel et l'on est même tenté de se demander si M. Savigny peut réellement compter parmi les bibliophiles. La charmante devise du célèbre lyonnais Groslier : *Groslierii et amicorum* est plus acceptable ; toute libérale qu'elle soit, elle est plus naturelle et tout à fait conforme au caractère de son auteur. Elle fut souvent reproduite par d'autres avec des modifications commandées par les circonstances. Les éditeurs du *Bibliographe alsacien* l'ont placée sur le titre de leur recueil, sous cette forme : *nostrûm et amicorum*. Un autre savant y a apporté une prudente restriction en la rédigeant ainsi : *Waltherini Seminii amicorum, haud omnium*.

Le dicton proverbial : « Livre prêté, livre perdu », est le guide des bibliophiles pessimistes ; il s'est malheureusement vérifié bien des fois. Pour eux, d'ailleurs, perdu ne se prend pas uniquement dans son sens propre, mais encore dans celui de gâté, abîmé d'une manière ou d'une autre et qui rend le livre indigne de figurer dans la bibliothèque de l'amateur délicat.

Guilbert de Pixérécourt a formulé ce dicton dans ces deux vers :

> Tel est le triste sort de tout livre prêté,
> Souvent il est perdu, toujours il est gâté.

M. Louis M., de Strasbourg, dont le joli *ex-libris* composé par un artiste alsacien, M. C.-E Matthis, reproduit ces deux vers, les attribue à Nodier, tandis que M. Poulet-Malassis les revendique pour Guilbert de Pixérécourt (p. 43), comme nous venons de le dire.

M. C.-E. Thiéry, artiste peintre à Mulhouse, les a également transcrits, sous ce nom, sur un de ses nombreux *ex-libris*. Enfin, C. M. (M. Charles Mehl) dans son compte-rendu sur le délicieux petit volume l'*Amour des livres* par Jules Janin, nous apprend que Ch. Nodier avait fait ce distique à l'usage de son ami Pixérécourt. (Bibliographe alsacien, vol. IV, p. 30. Strasbourg, 1869.)

Dans le même compte-rendu, M. Mehl attribue à Condorcet (1), le sixain suivant :

A mes livres

    Chères délices de mon âme,
    Gardez-vous bien de me quitter,
    Quoiqu'on vienne vous emprunter ;
    Chacun de vous m'est une femme
    Qui peut se laisser voir sans blâme
    Et ne se doit jamais prester.

---

(1) Ce nom ne se trouve toutefois pas sur l'*ex-libris* de M. Mehl, composé par Gustave Jundt, de Strasbourg. Le sixain est inscrit sur un rocher enguirlandé, sur lequel une figure de femme pose les deux mains.

Ces vers ne sont pas de Condorcet (1743-1794), qui les a adoptés comme *ex-libris ;* ils se trouvent déjà dans le recueil des *Epigrammes du sieur Guillaume Colletet,* Paris, L. Chamhoudry, 1653. in-12, et y sont immédiatement suivis de cette autre boutade :

Aux emprunteurs de livres qui ne les rendent point

Emprunteurs, pour vous parler net,
Ma bibliothèque connüe
Est un meuble de cabinet
Qu'on ne crotte pas dans la rüe.

Colletet n'a pas eu d'*ex-libris* ; ses livres ne portaient que sa signature ; mais d'autres bibliophiles lui ont plus d'une fois emprunté l'une ou l'autre de ses *Deux épigrammes.* (Poulet-Malassis, p. 43 et 44.) Un autre pessimiste, Charles-Frédéric Hommeau, a fait graver au bas de la planche qui représente sa bibliothèque, cette injonction : *Ite ad vendentes, et emite vobis !* bien faite pour intimider tous ceux qui auraient voulu emprunter des livres à ce farouche bibliomane.

Entre les deux catégories de collectionneurs que nous venons d'illustrer par quelques exemples, se trouve celle que nous nous sommes permis de nommer du juste-milieu. Les bibliophiles de cette catégorie ne refusent pas absolument l'usage de leurs livres, mais ils recommandent aux emprunteurs d'en avoir soin, de ne pas les garder trop longtemps, de ne pas les égarer...

Théod.-Christophe Lilienthal, docteur et professeur en théologie, faisant allusion à son nom de famille, exprime la première de ces trois recommandations dans ce charmant distique :

> Utere concesso sed nullus abutere libro,
> Lilia non maculat sed modo tangit apis.

(Collect. Aug. M. et Karl F.)

Lege et redde, dit François-Jean Sirebeau, avis que Hugo de Bassville traduit en français par : « Rendés, s'il vous plaît. » Il y ajoute : « La première chose qu'on doit faire, quand on emprunte un livre, c'est de le lire, afin de le rendre plus tôt. » (Poulet-Malassis, p. 42.)

L'*ex-libris* de la partie allemande de la bibliothèque de l'auteur de cette petite Revue, résume les trois recommandations énoncées plus haut, dans le sixain suivant, qu'il adresse à tout livre qu'il prête :

> Leih ich dich hinaus,
> Bleib nicht zu lang aus ;
> Komm zurück nach Haus :
> Nicht mit Flecken oder Ohren,
> Wie sie machen nur die Thoren,
> Und geh ja mir nicht verloren !

M. Jacques Flach, de Strasbourg, aujourd'hui avocat à Paris, a composé sur ses livres ce joli petit quatrain :

> Plaisants, je vous aime,
> Sérieux aussi,
> Frivoles de même,
> Pédants, merci !

Ces vers se trouvent dans un rond, des bords duquel sortent des rameaux fleuris qui servent d'encadrement à quatre médaillons : 1er en haut, à gauche, un bibliophile lit dans un livre près duquel est placée une coupe ; 2° en haut, à droite, un savant d'un air grave, tient en main un livre ouvert ; 3e au bas, à gauche, deux amoureux lisant un roman ; 4e au bas, à droite, un pédant lisant ; derrière lui, un gamin lui fait la nique. Cette charmante composition sort de la lithographie F. Groskost, de Strasbourg.

Outre les différentes sortes d'inscriptions dont nous venons de parler, et qui constituent toute une petite littérature de *l'ex-libris*, il en est encore une, non moins intéressante et instructive : ce sont les notes littéraires ou critiques que certains bibliophiles érudits ont coutume de placer sur les gardes de leurs livres ; elles donnent souvent d'utiles renseignements sur l'ouvrage, sur son histoire, sur ses différentes éditions, sur les contrefaçons qu'il a subies, sur le nom véritable des pseudonymes ou des anonymes.

Parmi les Alsaciens qui ont pratiqué ce louable procédé, nous signalerons, entre autres, les suivants : J.-J. Oberlin, le savant professeur de l'ancienne et glorieuse Université de Strasbourg (1735-1806), que nous avons déjà cité à plusieurs reprises. Ses annotations sont toujours écrites avec autant de connaissance bibliographique que de netteté dans la forme.

Jean Hermann, de Barr (1738-1800), d'abord professeur de philosophie, puis d'histoire naturelle à l'Université et fondateur du cabinet d'histoire naturelle de Strasbourg, possédait une riche bibliothèque qui renfermait les principaux ouvrages des sciences exactes et physiques, ainsi que des belles-lettres. Ses annotations étaient presque toujours rédigées en latin. Dans son exemplaire des épigrammes latines de J.-Mich. Moscherosch (Francofurti, 1665, petit in-12, orné du portait de l'auteur, de six médaillons symboliques et d'une vue de Wilstædt, son lieu de naissance, se trouve cette inscription : « *Moscherosch ex Episcopatu trans Rhenum Argentoratensi, Wildstetliensis Universitati Argentoratensi Epigrammata sua dedicavit.* » Puis Hermann ajoute que les deux premières des six centuries qui composent le livre ont été publiées par l'auteur et les quatre dernières par son fils, Ernest-Bogislaus M., J. U. C. Le jugement que Hermann porte sur ces épigrammes, dans une forme épigrammatique aussi, ne leur est guère favorable :

> Epigrammata api similia esse debere dictum est.
> Id de his quidem Moscheroschianis non dixeris.

Le professeur Hammer, gendre de Hermann et conservateur du cabinet d'histoire naturelle de son beau-père, que la ville avait acheté pour la somme de 40,000 fr., aimait aussi les annotations ; non seulement il en inscrivait sur les gardes et sur les feuillets blancs des livres, mais il en collait encore dans l'intérieur des livres, écrites sur des carrés de papier, procédé que J. Hermann avait déjà pratiqué. Ainsi, en regard d'un passage du chapitre: *Pflaster wider das Podagram*, du *Philander von Sitterwaldt* de Moscherosch, tome II, p. 445, où il est question de : *Aneinander hangende Erd-öpffel*, Hermann avait intercalé cette remarque : *Aus dieser Stelle erhellet, dass schon vor Ao. 1643 die Erd-Æpfel in unsern Gegenden sehr bekannt gewesen seyn müssen, wenn nicht der Helianthus tuberosus* (1) *gemeint ist.* Hammer ajoute de sa

---

(1) Le topinambour.

main : *oder vielleicht der Lathyrus tuberosus* (1), *der in der Gegend, vorzüglich am Glœckelsberg häufig wächst.* (Biblioth. Aug. St.)

Nos bibliophiles n'ignorent pas que Schœpflin, l'auteur de l'*Alsatia illustrata* et de l'*Alsatia diplomatica*, avait le projet de publier un troisième grand ouvrage sous le titre *d'Alsatia litterata* ; malheureusement ses nombreuses occupations officielles l'empêchèrent de mettre ce beau projet à exécution. J.-Jérémie Oberlin (1735—1806), s'empara de l'idée de son illustre maître. Les savantes dissertations littéraires qu'il publia et qui servaient de thèses à plusieurs de ses élèves, témoignent de son zèle et de sa haute capacité pour mener l'œuvre à bonne fin ; mais les évènements politiques ne le lui permirent plus. Un troisième savant, un autre élève de Schœpflin, Isaac Haffner (1751—1831), ne put non plus réaliser l'idée conçue par ses prédécesseurs ; il avait même déjà composé un *Mémoire sur l'histoire littéraire de l'Alsace,* où il avait exposé le plan du livre projeté. Ce mémoire, écrit de sa main, est daté de l'année 1807 ; l'imprimeur Fr. Ch. Heitz en possédait le précieux manuscrit, qui fait aujourd'hui partie de la bibliothèque de

---

(1) La gesse, terre-noix, le gland de terre.

l'Université de Strasbourg. L'ancienne bibliothèque de la ville et la riche collection de livres qu'il possédait lui-même, auraient fourni au professeur Haffner de nombreux matériaux.

Le catalogue de cette collection fut imprimé en deux gros volumes (Strasbourg 1832 et 1833), dont le premier, de 377 pages in-8°, contient 8221 numéros répartis entre la philosophie, les voyages, l'histoire et la littérature avec leurs différentes branches ; le second est uniquement consacré à la théologie, dont les livres furent achetés par le séminaire protestant.

Les observations que le savant bibliophile a inscrites dans un grand nombre d'ouvrages, témoignent de sa vaste érudition, de son goût exquis et de l'originalité de son esprit. M. le professeur Edouard Reuss, qui a fait précéder le catalogue d'un avant-propos, a eu l'excellente idée de reproduire un grand nombre de ces curieuses observations ; nous allons en communiquer quelques-unes à nos lecteurs :

Le bon sens (par le baron de Holbach), Amsterdam, 1772. 8. « C'est le système de la nature mis à la portée des femmes de chambre et des perruquiers. Et puis dites que les philosophes sont des égoïstes, et n'ont point de charité envers leurs semblables. »

— *Garasse, la doctrine curieuse des beaux esprits.* Paris, 1624. 4. « Plaisant et rare. »

— Naudé. *Considérations sur les coups d'Etat.* Cologne, 1744. 12. « Naudé place au rang de ces coups d'Etat, qui doivent être approuvés, le massacre de la Saint-Barthélemy, la mort de Jean Huss, de Jérôme de Prague. Ces coups d'Etat pourraient bien être appelés des coups du diable. Il avait d'ailleurs coutume de dire: *Intus ut lubet, foris ut moris.* »

— Arpe. *Apologia pro Vanino.* Cosmopoli, 1712, 8 : « Gramond raconte froidement que lorsque le bourreau arracha la langue à Vanini, celui-ci beugla comme un bœuf, *diceres mugire ictum bovem.* Je crois que si l'on avait fait la même opération à M. le président, il n'aurait certainement pas chanté comme un rossignol. »

— Spee. *Cautio criminalis* (1632). Augsbourg, 1731. 8. « Jésuite. Ce brave homme enseigna le premier aux juges à ne pas condamner si légèrement les malheureux accusés de sorcellerie. Il avait accompagné 200 sorcières au bûcher. »

— Troilo. *Orientalische Reisebeschreibung.* Leipzig, 1719. 8. « *Eine hinter dem Ofen gemachte Reise von Joh. Valentin Merbitz, Corrector.* »

— Necker. *Du pouvoir exécutif.* Paris, 1792.

2 vol. 8. « Necker était plus propre à observer qu'à conduire une révolution. »

— Schaller. *Die Stutziade.* Strassburg, 1802, 3 t. 8. « *Pfui Hr. Pastor!* »

— Kamm. *Galimatisches Allerlei*, Strassburg, 1776. 8. « *Ein guter Mahler, ein schlechter Dichter, ein täglicher Tischgenosse des Hrn. v. Dietrich, Dessen Wald und Schmiede Er niemals müde In diesen Versen beleiert hat.* »

— Talleyrand. *Rapport sur l'instruction publique.* Paris 1791. 4. « Tous ces messieurs de la capitale semblent avoir pris pour devise ce vers des *Femmes savantes:*

Nul n'aura de l'esprit hors nous et nos amis.

A leurs yeux, nous autres pauvres provinciaux ne sommes que des barbares, et nous continuerions de croupir dans la plus profonde ignorance, s'ils ne se donnaient la peine d'organiser notre instruction. C'est depuis vingt-sept ans qu'ils travaillent à cette grande œuvre, travail dont nous les dispenserions très volontiers. »

Notre petite Revue s'est occupée jusqu'ici de la partie littéraire et bibliographique de l'*ex-libris*; il nous reste encore à parler de la partie artistique, dont les principaux motifs sont le blason, l'allégorie, le symbole, l'allusion à l'état exercé par le possesseur du livre, le livre lui-même et la salle de bibliothèque, le dessin d'une vue ou d'un édifice d'intérêt local, etc. L'espace réservé à notre travail étant limité, nous ne pourrons qu'indiquer sommairement les types les plus caractéristiques et y ajouter de courtes observations.

Les *ex-libris* des membres de la noblesse d'Alsace présentent, presque sans exception, les armoiries de la famille à laquelle ils appartiennent ; parfois ils portent le nom du possesseur, rarement la signature du graveur ; J. M. Weiss, Wachsmut et J. Striedbeck, de Strasbourg, ont fourni le plus grand nombre de ces blasons. Quant à l'analyse de ces derniers, nous renvoyons le lecteur à l'*Armorial* d'*Alsace* de M. Anatole de Barthélemy, et à l'*Alsace noble* de M. Ernest Lehr. Les collections qui sont à notre portée renferment, entre autres, les exemplaires suivants: C. F. D. comte de Waldner de Freundstein ; F. L. Waldner de Freundstein ; Johann-Joseph-Benedict Zurhein ; de Rosen ; Ch. L. D. de Berckheim ; Bœcklin de Bœcklinsau ; Frid. Aug. Zorn, à Plobsheim (rare) ; de Klinglin ; de Corberon, président du Conseil souverain d'Alsace (grand et petit format) ; Joh. Thomas Pfaffenzeller, chancelier de Murbach-Guebwiller (son *ex-libris* est gravé par le miniaturiste Jüdlin, filleul du chancelier) ; (Collect. Arm. I. et Ed. D.) Fidelis-Zacharias de Kleckler, à Veldegg (1657).

Le *plus ancien ex-libris historié alsacien*, connu jusqu'à ce jour, est celui de Lycosthènes, auquel nous croyons devoir consacrer un article spécial. Disons d'abord un mot de ce curieux savant alsacien que nous avons déjà cité plus haut : Conrad *Wolfhart*, qui traduisait son nom de famille en celui de Lycosthènes (du grec λύχος, loup, *Wolf* et σθένος, force, vigueur), était le neveu du célèbre hébraïsant Conrad Pellicanus *(Kürschner)* ; il naquit à Rouffach, en 1518, fit ses études à Heidelberg et devint professeur au *Paedagogium* de Bâle, où il mourut, le 25 mars 1561. Il est l'auteur d'un grand nombre d'ouvrages de philosophie morale et d'histoire, justement oubliés. Le plus populaire, qui dénote une grande érudition, mais aussi une grande somme de superstitions des plus grossières, est son *Chronicon prodigiorum ac ostentorum (Chronique des prodiges et des merveilles*, imprimé chez Froben à Bâle, 1557, in-folio, avec de nombreuses gravures sur bois) ; il fut traduit en allemand par Joh. Herold, Bâle, 1557. L'*ex-libris* de Lycosthènes se trouvait sur la garde d'un exemplaire de *Lud. Caelius Rhodiginus, Lectionum antiquarum*

Libri XXX. Basileae MDL ; in-folio de 1182 pages. Au bas du titre, qui contient le nom et la marque du célèbre imprimeur Froben avec les mots : *Cum Imp. Maiestatis gratia et privilegio*, figure l'autographe : *Lycosthenis* (c'est-à-dire propriété de Lycosthènes). Le blason qu'il s'est donné est gravé sur métal mou (plomb ou étain) ; il a onze centimètres de haut, sur sept et demi de large, sans les inscriptions que voici : au haut : *Omnem crede diem tibi diluxisse supremum ;* à gauche : *Incertum cum sit quo loco te mors expectet, Tu eam omni loco expecta. Senec. ;* à droite : *Memorare nouissima in omnibus operibus tuis, et nunquam peccabis. Ecclesiastici 7.* (Livre de l'Ecclésiastique nommé autrement la *Sapience de Jésus, fils de Sirach*) : au-dessous de l'écu : Symbolum Conradi | Lycosthenis Rv— | bea*quensis*. (Collect. Aug. St.) Relevé du blason : Lycosthènes porte « de... à la fasce de... accompagnée de deux étoiles, l'une en chef, l'autre en pointe. A la place du heaume se trouve une tête de mort, surmontée d'un clepsydre entouré d'un vol ouvert sur lequel sont reproduites les pièces de l'écu. » Cette pièce curieuse et, comme nous l'avons dit, la plus ancienne alsacienne du genre, a été reproduite très exactement d'après l'original par M. Brinkmann, lithographe à Mulhouse. (Voy. le titre de notre broch.)

Un autre *ex-libris* historié, de la fin du même siècle, peut être compté parmi les alsaciens ; c'est celui d'un haut dignitaire de l'ancien évêché de Bâle, du pouvoir spirituel duquel dépendait, comme on sait, la plus grande partie de la Haute-Alsace. Au bas de l'écusson cet ecclésiastique est ainsi désigné : MARCVS D. G. (*Dei gratia*) EPS. LIDEN — (*episcopus Lidensis*) SVFFRAGANEVS ET DECANVS BASILIENSIS L'*ex-libris* est une gravure sur bois, hauteur : 13 2/3 centimètres, largeur : 9 1/3 centimètres. D'après la *Basilea Sacra* de *Sudanus, Bruntruti*, 1658, p. 379, *Marcus Teccinger*, tel est son nom, (1) était *scholasticus*, c'est-à-dire professeur en théologie sous l'évêque Christophe Blarer, de Wartensee, en 1575 ; en 1581, il figure comme évêque de Lydda, en Palestine, l'ancienne Diospolis dans la province de Caesarea (Voy. *Wurstisen, Successio Canonicorum Basilicae majoris Basiliensis e diplomatis congesta*. Mnscr. — Renseignement dû à l'obligeance de M. le Dr L. Sieber, bibliothécaire en chef de l'Université de Bâle). Voici l'analyse du blason : « Teccinger porte : écartelé aux 1 et 4 coupé de... à 2 clefs

---

(1) M. *L. Vautrey*, curé-doyen à Delémont, qui a publié, en 1867, le 5e volume des *Monuments de l'histoire de l'ancien évêché de Bâle* de Trouillat, fait erreur en écrivant ce nom : « *Tettlinger* ». (Voy. p. 948, N° 23.)

de... posées en sautoir traversées par 4 croix...
sur 2 tours crénelées (qui est de Teccinger), aux
2 et 3 de... au dextrochère (1) sortant d'un nuage
au naturel et soulevant un bélier entouré d'un
serpent en guise de corde (qui est de Lydda).
L'écu est surmonté d'une mitre épiscopale. K. F.

Le *Bulletin V du Musée historique de Mulhouse*,
année 1880, contient l'*ex-libris* d'Hieronymus
Gemuseus, descendant d'un savant philosophe et
médecin, qui portait les mêmes nom et prénom.
Né à Mulhouse, en 1505, il mourut comme professeur à Bâle, le 29 janvier 1544. L'*ex-libris* en
question a été gravé entre les années 1640 et
1650 par J.-J. Thourneyser, (2) artiste estimé
encore de nos jours pour ses gravures des dessins
de Sandrat ; il représente les armoiries de la
famille Gemuseus ; les deux noms sont indiqués
sur une banderole au haut de l'écu.

Un *ex-libris* rarissime de la fin du XVIIe siècle
est celui de *Hermannus Halueren* (Halverne). *I.
V. D. Epatus Argent. Cancellarius et Reu*^{mi} (Reverendissimi) *et Ill*^{mi} *Cappli* (Illustrissimi Capituli)

---

(1) « Bras droit représenté dans un écu avec la main,
et par opposition à senes-trochère, qui se dit du bras
gauche. » Dictionn. Littré I, p. 1144, 3e col.

(2) La famille existe encore à Bâle, mais s'écrit Thurneysen.

Arg. Consil. et *Syndicus*. Ecusson : Porte d'azur à une licorne d'argent. Devise sur banderole au haut du blason : *Recte faciendo neminem timeo*. (Collect. Aug. M. et Arth. B.)

L'*ex-libris* des membres de la famille Chauffour de Colmar présente des armes parlantes : « Porte d'azur à un four à chaux d'argent, maçonné de gueules sur une terrasse de sinople, duquel sortent des flammes et étincelles d'or. » La pièce que nous avons devant nous est une jolie gravure, style Louis XIV ; elle ne porte aucun nom, mais elle a probablement été l'*ex-libris* de Chauffour l'aîné, reçu avocat en 1738.

L'*ex-libris* de Schœpflin représente, au milieu d'une rocaille, le blason du célèbre historien : « d'or au chevron de gueules, flanqué de trois dés de même, 2 et 1. » Sur la console : *Ex bibliotheca Schœpfliniana*. Le blason a été dessiné et gravé, en 1762, par J.-R. Metzger de Strasbourg, d'après le tableau peint à Paris par le Mulhousien Gaspard Heilmann et détruit en 1870, lors de l'incendie de la Bibliothèque de Strasbourg.

Le peintre Benjamin Zix avait deux *ex-libris* dessinés par lui-même et gravés à l'eau forte. 1° Celui de sa Bibliothèque qui représente un rocher enguirlandé avec l'inscription : « *Bücher-Sammlung von Benjamin Zix* » ; une figure d'homme en pied tient de la main droite un livre qu'il place sur le rocher; la main gauche s'appuie sur une canne; à droite un arbre étend ses branches au-dessus de l'homme; 2° L'*ex-libris* de la collection de gravures : *Kupferstich-Sammlung von B. Zix*, contient, sur une planchette, un encrier et différents ustensiles de graveur; il est signé : *B. Zix fecit.* (Collect. Daniel Gr. Mulhouse.)

Un motif favori et assez répandu au XVIIIe siècle, c'est l'intérieur d'une salle de bibliothèque avec des armoires, des tables, des consoles chargées de livres, d'encriers, etc.; une lampe d'un dessin élégant suspendue au plafond. La riche collection de M. Karl Fr. possède sept variétés de ce motif. Un des exemplaires les plus intéressants, d'une grande valeur artistique, porte sur la console les mots : *Ex-libris Bibliothecae D. Zach. Conr. ab Uffenbach. M. F.* Au haut, la devise : *Non omnibus idem est quod placet. Petron. Fragm.* Il est gravé par J. U. Kraus ; le grand format a 12 1/2 centimètres de haut sur 15 centimètres de large ; l'exemplaire en format plus petit est moins net.

L'*ex-Bibliotheca* de *F. R. Saltzmann*, de Strasbourg, présente une salle de bibliothèque; au bas de la planche se trouvent les armoiries du savant professeur ; la même planche servait aussi d'*ex-*

libris à « J. L. Blessig, prof. », mots qui se trouvent au bas sur un écu oval, à gauche duquel figure le nom du graveur *Wachsmut sculp.* (collection Aug. St.).

Les *ex-libris* de plusieurs savants mulhousiens, pasteurs, médecins, pharmaciens, etc., tels que Josué Risler, P. Risler, J. H. Dollfus, Joh. Hofer, Josué Hofer, Dan. Meier, etc., appartenant à la seconde moitié du siècle passé, ont été exécutés sur papier par des dessinateurs (ou comme on disait alors, par des « dessineurs » (1) de fabrique), ensuite dessinés sur bois par des « *Holzzeichner* » et gravés par des graveurs sur bois, « *Holzstecher* » ou « *Modelstecher* » qui étaient presque tous originaires de la Suisse. Il y a parmi ces *ex-libris* des motifs fort jolis, comme celui de Josué Risler qui existe en trois éditions, dont l'une en rouge. Les noms des possesseurs se trouvent sur des banderoles, au-dessus de l'écu de famille. (Voir pour la description des écus le *Bürgerbuch* de N. Ehrsam, dont M. Louis Schœnhaupt publie, en ce moment, une nouvelle édition avec traduction française du texte.)

---

(1) A cette époque les chimistes de Mulhouse étaient appelés « coloristes. »

Nous terminons notre petite revue par les *ex-libris* historiés de quelques savants de notre siècle :

Petit dessin lithographié de la cathédrale de Strasbourg, côté oriental ; à droite de l'édifice, et au premier plan, se trouvent des arbres et des arbustes ; au bas, le nom de « Strobel », l'auteur de l'*Histoire patriotique de l'Alsace 1841—1849*, 6 vol. 8°.

Ecu, sans indication des couleurs, avec l'inscription : « *Nosce privs Patriam. Ovid.* ; dans l'encadrement : « Collection Gérard » ; au haut de l'écu : une femme assise, la couronne murale sur la tête, portant sur la main droite une figurine de la cathédrale de Strasbourg, et tenant dans la main gauche un livre ouvert ; des deux côtés de la femme, sur des banderoles, se trouvent les mots : « Vosges » et « Rhin ». Ce joli *ex-libris* est collé sur la garde de tous les livres de la précieuse collection d'Alsatiques du savant et spirituel auteur de l'*Ancienne Alsace à table*, aujourd'hui propriété de la Bibliothèque municipale de Mulhouse.

Nous avons encore devant nous trois *ex-libris* très intéressants : ceux des deux frères Benoît de Berthelming, que M. Arthur B. a bien voulu analyser sur notre demande :

« 1° Celui de feu Louis B., mort à Nancy, comme

bibliothécaire de la ville. « Il représente le blason du Westrich (pays de la Sarre) ; derrière est la porte de Fénétrange, réparée dernièrement, et l'hôtel de ville. Au-dessus est un mascaron en bois, venant de la maison Landsperg (co-seigneur), démolie il y a vingt ans ; à droite : le rhingrave Otton qui introduisit la Réforme, et dont la pierre tombale a été transportée du cimetière de Fénétrange au Musée lorrain de Nancy ; de l'autre côté, se trouve sa cousine Diane de Bommardin, femme de Charles-Philippe de Croy, marquis d'Havré, qui a maintenu la religion catholique dans la part de la seigneurie qu'elle avait eue de ses auteurs. Elle est représentée d'après une gravure du temps. Le dessin de l'*ex-libris* a été fait par mon frère. »

2° L'*ex-libris* commun aux deux frères, destiné à leur Bibliothèque saargovienne, comprenant tout le Saargau, a été dessiné par M. Arthur B. ; il porte les initiales des prénoms : A. — L. et « représente une femme avec l'ancien costume, coiffée de la *Winterkappe* (blanche pour les catholiques, soie noire pour les protestantes); au fond, on voit le clocher de Berthelming. »

3° L'*ex-libris* de M. Arthur B., dessiné par lui-même : « Vignette extraite d'une marque de libraire du siècle dernier. C'est un scieur de long, représenté par un génie nu ; au bas, se trouve la devise: *Avec le temps.* »

Arrivé à la fin de notre petite revue, nous exprimons le désir qu'elle puisse rencontrer parmi nos honorables confrères en *ex-libris* la sympathie que lui ont témoignée nos amis, sans le bienveillant concours desquels nous n'aurions pas eu le courage de l'entreprendre.

ADDITIONS

Pendant et après l'impression des pages précédentes, l'auteur a encore reçu différentes communications dont voici quelques-unes des plus intéressantes :

Le célèbre prédicateur *Jeanjean* (né à Schletstadt en 1727, mort à Strasbourg en 1786), bibliophile distingué et collectionneur passionné, avait quatre sortes d'*ex-libris*, selon les formats de ses livres ; ils portaient ces mots : *Ex-libris Antonii Jeanjean Canon. ad S. Petrum juniorem. Sem. Superioris et Univ. Episc. Rectoris Argentinae.* L'*ex-libris* pour les *in-folio* représente, sans doute par allusion à son nom de famille, les deux St. Jean, le précurseur du Christ, et St. Jean l'évangéliste ; le premier tient une croix de la main droite; à ses pieds est une brebis couchée ; le second tient, des deux mains, un livre ouvert ; à ses pieds figure un aigle ; au-dessus, sous un ostensoir, se trouve le blason de l'université épiscopale, et au-dessous, figurent les armoiries du prêtre.

— Un *ex-libris* rare, trouvé sur la garde antérieure des œuvres du poëte italien Métastase, est celui de l'évêque constitutionnel *Gobel* (né à Thann, le 1ᵉʳ septembre 1727 ; guillotiné à Paris, le 24 Germinal de l'an II, c'est-à-dire le 14 avril 1794.) Cet *ex-libris* est ainsi conçu : *Joan. Bapt. Jos. Gobel S. S. Th. Doct. Ep. Lyddensis Suffraganeus et Vicarius G̅n̅rlis Basileensis.*

— L'abbé *Grandidier* (né à Strasbourg, le 29 novembre 1752 ; mort à l'abbaye de Lucelles, le 11 octobre 1787), avait comme *ex-libris*, son blason soutenu par deux lions ; sur la feuille de garde il écrivait d'ordinaire : « *Ex mea Bibliotheca p. c. G.* »

— *Ex-libris* du Musée *Schœpflin* : Pierre ovale sur laquelle est figuré un acteur comique ancien ; au-dessus, une tête de masque de l'énorme bouche de laquelle sortent des branches de chêne qui retombent, des deux côtés, sur une console en pierre, portant l'inscription : *Ex Museo Schœpfliniano*. Gravure à l'eau forte de Weiss.

— Un des *ex-libris* du professeur *Godefroi Schweighaeuser* représente quatre blocs de pierre de l'enceinte du mont Sainte-Odile, reliés entre eux par des queues d'aronde (*Schwalbenschwänze*); au milieu se trouve le nom du savant, suivi du mot « professeur. » On sait que G. Schweighaeuser est l'auteur des Antiquités du département du Bas-Rhin et qu'il s'est occupé spécialement de celles du mont Sainte-Odile. L'*ex-libris* est une lithographie, dont le dessin est probablement dû au crayon de M. le pasteur Ringel, qui, pendant son cours d'études à Strasbourg, accompagnait souvent son maître dans ses excursions archéologiques et lui fournissait des dessins.

— L'*ex-libris* du savant et laborieux *M. C. Schmidt*, de Strasbourg, docteur et ancien professeur en théologie, est le sceau gravé sur bois de la ville de Strasbourg au moyen âge; il représente la Sainte-Vierge, avec l'enfant Jésus, assise devant la cathédrale. La légende porte ces mots : SIGILLVM. BVRGENSIVM. ARGENTINENSIS. CIVITATIS. Au-dessous de l'image se trouve le nom du professeur.

— Enfin, l'obligeance souvent éprouvée d'un excellent ami me permet de combler une lacune qui certes eût été fâcheuse. Il ne s'agit de rien moins, en effet, que de la marque du grand helléniste et parfait bibliophile alsacien, *Richard Brunck*! Elle appartient à la classe des *ex-libris* armoriés; en voici la description : d'azur, à un agneau pascal d'argent, nimbé de même et passant sur un mont à trois coupeaux au naturel; l'écu timbré d'un heaume de chevalier, orné de ses lambrequins. Supports : deux levriers couchés, tenant un liston à trois glands avec l'inscription RICHARDUS BRUNCK. Derrière l'écu passe une plume hérissée. Ce joli *ex-libris*, très finement gravé et signé *J. Striedbeck fec. Argent.*, figure sur les gardes d'un exemplaire de la véritable édition originale de l'*Esprit des loix*.

RECTIFICATIONS

L'auteur s'est trompé sur la forme et sur le nom que porte l'*ex-libris* au monogramme *R*, qu'il a attribué à tort à un M. *Reber*. (Voy. p. 10.) Il en fait très humblement son *peccavi* et s'empresse de rectifier son erreur ainsi qu'il suit :

L'*R* est l'initiale du nom des deux honorables frères *Reiber* de Strasbourg, bien connus comme bibliophiles et comme amis de l'art. La lettre *R* est entourée d'une gracieuse branche de houblon ; derrière la lettre, soit au second plan, se trouvent les mots EX-LIBRIS | REIBER, en caractères très fins ; au-dessous on découvre, à l'aide de la loupe, une minuscule vue de Strasbourg avec sa cathédrale, St. Thomas et plusieurs contours d'autres édifices ; à gauche, vers la partie inférieure de la branche de houblon, se cachent trop modestement les initiales du nom du graveur de cette jolie et originale pièce, P. R., c'est-à-dire *Paul Reiber*, 1879. Son frère aîné, M. *Ferdinand Reiber*, est un fervent collectionneur d'*ex-libris*.

La note suivante qui se trouvait à la première page de ce travail (*Express* du 10 juin 1881) ayant été omise, dans le tirage à part, indépendamment de la volonté de l'auteur, celui-ci s'empresse de la reproduire ici :

« L'auteur doit de vifs remercîments à MM. Karl Fr.; Aug. M.; Ed. D., de Mulhouse; A. Ing, de Cernay, et Arth. B. de Berthelming, pour la communication qu'ils ont bien voulu lui faire de leurs précieuses collections d'*ex-libris*, qui, avec la sienne, plus modeste, ont fourni les principaux matériaux pour cette petite Revue. »

TABLE DES MATIÈRES

	PAGES
Avant-propos．．．．．．．．．．．．．．．．．．．．．．．．	3
Ex-libris alsaciens．．．．．．．．．．．．．．．．．．．．．	5
Additions．．．．．．．．．．．．．．．．．．．．．．．．．．．	38
Rectifications．．．．．．．．．．．．．．．．．．．．．．．．	41

www.ingramcontent.com/pod-product-compliance
Lightning Source LLC
Chambersburg PA
CBHW070706050426
42451CB00008B/522